AF189692

Michael Felske

VISUELLE LYRIK FÜR FORTGESCHRITTENE

Mit Lippen Laute formen

Impressum

Bibliografische Information der Deutschen Nationalbibliothek:
Die Deutsche Nationalbibliothek verzeichnet diese Publikation
in der Deutschen Nationalbibliografie; detaillierte
bibliografische Daten sind im Internet über http://dnb.dnb.de
abrufbar.

© 2023 Michael Felske

Herstellung und Verlag: BoD – Books on Demand,
Norderstedt

ISBN: 978-3-7448-8209-5

In-Halt

„Huuuuuuuuuuuuuuuuuh-

Mooooooooooooooooooohr-

Mooooooooooooooooooohr-

Huuuuuuuuuuuuuuuuuuuuhn."

Michael Felske, Februar 2023

Vor-Wort I

Die von Ernst Jandl erfundenen visuellen Lippengedichte entstehen beim Verlassen der Luft durch den Mund des Rezitators. Eigentlich kommt es dabei aber überhaupt nicht auf die Luft an. Visuelle Lippengedichte heißen LIPPENgedichte, weil die Lippen resp. der Rezitator, so Jandl, das Papier ist, auf das die Gedichte geschrieben werden. Beim Aufsagen sind die Gedichte nicht zu hören: Sie sind völlig lautlos, aber zu sehen: Sie werden mit den Lippen in die Luft geschrieben.

Jandl: "... der ungeübte Leser spricht das visuelle Lippengedicht vor dem Spiegel. beim geübten Leser genügt die Bewegung des Mundes, um den visuellen Eindruck des Gedichtes entstehen zu lassen."

Für den Rezitator bleibt das Gedicht aus meiner Sicht ein Gefühl. Und zwar ein durchaus (haften) Bleibendes. Das Gefühl der Muskelnerven beim Artikulieren der Buchstaben und Worte. Lyrik und Emotion liegen bekanntlich nah beieinander. Aber so körperlich wie bei Lippengedichten niemals sonst. Also: Sagen Sie die folgenden Gedichte ganz laut auf – aber verlieren Sie dabei kein Wörtchen. Kein Ton darf zu hören sein, dann machen Sie alles richtig.

Viel Spaß dabei wünscht Ihnen Ihr

Michael Felske

Vor-Wort II

Und? Grübeln Sie nun über Sinn und Zweck dieses Büchleins? Nur keine Aufregung. Diese Zeilen sollen Ihnen einfach

Freude bereiten, Spaß machen, die Bauchmuskeln (wegen Lachen) trainieren und die bei den meisten Menschen brach liegenden Fähigkeiten der Gesichtsmuskulatur wieder beleben. Wenn Ihnen nach der Lektüre noch andere Gründe einfallen, dann fügen Sie bitte in die nächste Leerzeile ein:

Lyrik also als Physiotherapie. Vielleicht für viele Pisa-Spezialisten der einzige Einstig in die Germanistik. Wer weiß?

Bevor Sie nun umblättern, merken Sie sich eins: Nichts, aber auch gar nichts ist hier bierernst gemeint.

In diesem Sinne: Viel Spaß und viel Erfolg beim täglichen Training wünscht

Michael Felske

Ly-Rik

A

AA

AAA

AAAN

AAANN

AAANNN

AAANNN

AAANNNF

AAANNNFF

AAANNNFF

AAANNNFFF

AAANNNFFF

AAANNNFFFA

AAANNNFFFAA

AAANNNFFFAAA

AAANNNFFFAAAN

AAANNNFFFAAANN

AAANNNFFFAAANNN

AAANNNFFFAAANNNG

AAANNNFFFAAANNNGG

AAANNNFFFAAANNNGGG

Anfang

O

E

ON

EN

NON

SEN

NON

SENS

Ohne Sinn

HO

HO

HO

HOOOOOOO

HO

HO

HO

HOOOOOOO

HO

HO

HO

HOOOOOOO

Der Weihnachtsmann ruft

O

O

OL

OLL

OLLA

OLLAH

OLLAH

OLLA

OLL

OL

O

O

Hallo

A

LOO

AH

Aloa

O

OO

OO

OOO

OOO

OOOO

OOOO

OOOOO

OOOOO

OOOOOO

OOOOOO

OOOOOOO

OOOOOOO

OOOOOOO

OOOOOOOO

Oh – Oh

O

FEN

OFFEN

GEFAH

Gefahr

HA

TSCH

I

HAAAAAAAAAAA

TSCHI

HAAAAAAAAAA

TSCHIIIIIIIIIIIIIIIIIIIIII

Hatschi

O

PE

HO

PE

HOPP

A

AA

LA

LAA

HOPP

LA

Hoppla

AA

BE

II

AABEIH

ABI

Reifeprüfung

SÜ

LEI

MANN

SÜÜÜÜÜÜH

LEIIIIII

MAAAAAAAAHHHHHN

Name

Ü

GÜ

GÜHL

GÜLL

GÜLLE

GÜLLE

GÜLLE GÜLLE

Gülle-Gülle

DE

BE

DE

DE

HA

KA

PEH

Doof bleibt doof, da helfen keine Pillen

BO

CA

TSCHI

CA

BOCA

TSCHICKA

Badeort Boca Chicca, Dom Rep

OMMMMMM

OMMMMM

OMMM

OMM

OM

OM

OMM

OMMM

OMMMM

OMMMMMMM

Hinduismus

LIE

BE

KOM

MT

LIE

BE

GEHT

M

MM

MMM

AAAA

MMMMAAAA

MMMMAAAAMMMM

MMMMAAAAMMMM

AAAAMMMM

AAAAAMMMMMAAAAA

AAAAMMMMAAAAMMMM

MMMMAAAAMMMMAAAA

MAMA

Mama

B

BB

BLEI

BLEIBLEI

BLEIB

BLEIBT

bleibt

A

I

I

Ö

AA

II

II

ÖÖ

KA

RI

BIK

SCHÖN

Schöne Karibik

HA

HAA

HAAA

LO

LOO

LOOO

HHHAAALLL

AAAALLLLOOOO

OOOOLLLLAAAA

OOOOLLLLLLLLLAAAAHHHH

HALLO

Hallo

HHHH

UUUU

HHHHUUUU

HHHHUUUUHHHH

RRRRRRRRRRRR

AAAAAAAAAAAA

ARRUH

Hurra

AH

DIE

OSS

Auf Wiedersehen!

BEI

BEI

Auf Wiedersehen!

OO

LA

LA

LA

OO

LA

Welle

A

MOR

Amor

\

RO

MA

Rom

RICK

SCHA

SCHAAAAAAAAAAA

RICK

RUCK

RICK

SCHA

SCHIK

SCHA

SCHICKSAL

Rikscha

Mu-Sik

DO

RE

MI

SO

FA

LA

TI

DO

DO

TI

LA

FA

SO

MI

RE

DO

Tonleiter

CE

DE

EE

EF

GE

AH

HA

CE

Tonleiter

CE

HA

AH

GE

EF

EE

DE

CE

Tonleiter

U

ZZZ ZZZ

U U

ZZZ

U

ZZZ ZZZ

U U

ZZZ

U

ZZZ ZZZ

U U

ZZZ

Hip-Hop

UM

TA TA

UM

TA TA

UM

TA TA

UM

TA TA

UM

TA TA

UM

TA TA

Walzer

BUM

DADA

BUM

DADA

BUM

DADA

BUM

DA

BUM

DADA

BUM

DADA

BUM

DADA

BUM

DA

Schlager

DA

DA

DA

DAAAA

DA

DA

DA

DAAAAAAAAAAA

Beethoven

JO

LO

HO

DI

HI

JO

HÖ

JO

LO

HO

DI

HI

Zwei Jodler

LA

LE

LU

LA

LE

LU

LA

LE

LU

LA

LE

LU

LA

LE

LU

Heinz Rühmann singt

BI

BA

BU

TZE

BI

BA

BU

TZE

BI

BA

BU

TZE

BI

BA

BU

TZE

MANN

Bi-ba-butzemann

MA

LEEEN

MAAAAAA

LEEN

GEEN

Schlager

EIO

EI JEI JEI JEI JEI

EIO

EIO

EIO

EI JEI JEI JEI JEI

EIO

EIO

Oldie

ABA

HEIDSCHI

BUM

BEIDSCHI

BUM

BUM

ABA

HEIDSCHIIII

BUM

BEIIIIIIIIIIDSCHI

BUHM

BUHM

Heintje singt

SCHKA

BU

BA

SCHKA

BU

BA

BA

BU

SCHKA

BA

BUSCH

KA

Lied von Kate Bush

DUDELDI

DUDELDI

DUDELDI

BUM

BUBUBIDU

DUDELDI

DUDELDI

DUDELDI

BUM

BUBUBIDU

Monroe singt

MO

LLOO

MOOOO

LLLOOOO

LOOOOOOMOOOO

LOOOOOOMOOOO

LLLOOOO

MOOOO

LLOO

MO

Moll

U

DU

DUU

DUUU

UUUHHH

DUUUUUU

RRRRRRRRR

DUUUUUUUR

Dur

HUM

TA TA

HUM

TA

DA

DA

DA

HUM

TA TA

HUM

TA

DA

DA

DA

Lied von der Band „Trio"

DA

DA

DADA

DA

DA

DADA

DAHDAH

DAH

DAH

Dadaismus

HA

LE

LU

JA

HAAALE

LU

JA

HAAALE

LU

JA

HALEEEELUUU-UUJA

Halleluja-Rufe

Pe-Zeh

PE

ZEH

Computer

ZE

DE

ZEE

DEE

ZEEH

DEEH

ROMMMMMM

CD-ROM

BRAU

SEHR

BRAU

SÄÄR

Software

WE

WE

WE

Anfang einer Internetsdresse

HAA

TEE

TEE

PEEH

Anfang einer Internetsdresse

A

U

AB

TU

ABS

TUR

ABST

URZ

Absturz

EEE

DEEEE

VAU

Elektronische Daten-Verarbeitung

DE

TE

PE

DEE

TEE

PEE

DEEE

TEEE

PEEE

DeskTop-Publishing

Wer-Bung

UM

UM

UM

UM

UM

RÜÜJN

Kaffeewerbung

KN

ACK

KN

ACK

GE

NUSS

Schokoladenwerbung aus der Schweiz

KI

KI

KI

RI

RI

RI

KIRI

KIRI

KIRI

Werbung für Sahnestreichkäse

Sport-Ler

A

LI

AAA

LIIIIIII

AAAAA

LIIIIIIIIIII

Cassius Clay

RU

DIE

RUUH

DIIIIE

Rudi

VÖLL

LERRR

Völler

RU

DIE

RUUH

DIIIIE

VÖLL

LERRR

VÖLLLLLLLLL

LLLLLLLLERRRRR

Rudi Völler

UUUUHWE

SEEEEEEEEHHHHHHLER

Uwe Seeler

Vor-Namen

FIE

BIE

Phoebe (bibl.)

EM

AH

IX

Max

EM

AA

OO

EMM

AAAAA

OOOOOO

Mao

RRRRRRRRRR

RRRRRRRRRRRÜÜÜ

RRRRRRRRRRRRRRÜÜÜÜÜÜÜÜÜÜ

DIIIIIIIIIIIIIIIIIIIIIIIIE

GERRRRRRRRRR

Rüdiger

O

T

OO

TT

OOO

TTT

OOOO

TTTT

OOOOO

TTTTT

OOOOOO

TTTTTT

OOOOTTTT

OOOOOOOO

Otto

WE

AA

AA

EL

KA

EE

ES

WE

AA

AA

EL

KA

EE

ES

Waalkes

A

ARA

KA

KARA

BEN

NEM

SI

Kara Ben Nemsi

HADSCHI

HALEF

OMAR

IBN

ABBUHL

ABBAS

IBN

DAAVUHD

AL

GOSSARAH

Diener von Kara Ben Nemsi

EE

EE

EN

EN

DE

DE

EN

DE

Ende

Trai-Ning

In diesem Kapitel geht es nun richtig zur Sache: Haben Sie bisher nur Bekanntes skandiert, dürfen Sie sich jetzt an die Hohe Schule der Lippengedichte heranwagen.

An dieser Stelle möchten Ihnen die Autoren Mut zusprechen, denn das Pensum ist zu schaffen. Auch von Ihnen. Wir schlagen Ihnen vor, sich für Ihre täglichen Übungen in Ihrer Wohnung (oder auch im Freien – Warum nicht? Eine belebte Fußgängerzone bietet sich regelrecht für das Aufsagen von Lippengedichten an. Aber wundern Sie sich nicht...) einen besonderen Platz – altarähnlich – für Ihr Training zu errichten.

Besonders wichtig ist auch ein anständiger Spiegel, damit Ihr visueller Genuss nicht (buchstäblich) getrübt wird. Eine Videokamera ist auch von Vorteil. Nur so können Sie Ihr Schaffen auch für die Nachwelt dokumentieren und flink das eine oder andere Geschenk für Ihre Lieben herstellen. So gesehen wäre eine Kamera von Vorteil, die direkt auf DVD speichert. Wenn Sie sich erst mit der Schnitttechnik am PC herumschlagen müssen, dann entgeht Ihnen wertvolle Zeit, die Sie lieber Ihren Lippengedichten widmen sollten.

Insbesondere dann, wenn Sie zu den Afficinados zählen, die es sich zur Aufgabe gemacht haben, alle Lippengedichte dieses Bandes auswendig zu lernen, um sie dann, z.B. unter dem Weihnachtsbaum, am Osternestchen oder einfach zur Goldenen Hochzeit von Tante und Onkel aufzusagen. Sicherlich werden Sie so für viel Freude und begeisterten Applaus sorgen. An dieser Stelle wollen Verlag und Autoren es aber nicht versäumen, auf den Haftungsausschluss dieser Publikation hinzuweisen !!! Wir garantieren für NICHTS.

U

A

OO

UU

AA

OOO

UUU

AAA

OOOO

UUUU

AAAA

OOOOOO

UUUUUU

AAAAAA

Oua

I

O

E

O

II

OO

EE

OO

III

OOO

EEE

OOO

Ioeo

E

A

O

I

EE

AA

OO

II

ŁEE

AAA

OOOOO

IIIIIIIIIIIIII

Eaoi

O

RI

A

OOO

RRRIII

AAA

Oria

A

O

U

I

IIII

IIIIIII

IIIIIIIII

EEEE

EEEEEE

IIII

I

U

O

A

Aoui

A

Ä

O

U

Aäou

U

P

ES

UUU

PEEE

ESSS

UUUPS

Will Smith

I

A

I

A

IIIIIIH

AAAAAAAHHHH

IIIIIIH

AAAAAAAHHHH

Esel

A

AA

UUU

AAAA

AAAUUAA

BAAAAAAA

AAUUUUUUUU

AAAAAAAAAA

BBAAUUUUUUU

BAUUUUUUUAAA

BAUER

Bauer

E

S

EE

SSS

E

ESSS

ZZZZ

TTTTT

ZETT

ESS

ZETT

ß

A

B

C

D

E

F

G

Alphabet I

H

I

J

K

L

M

N

Alphabet II

O

P

Q

R

S

T

U

Alphabet III

V

W

X

Y

Z

Alphabet IV

Ä

Ü

Ö

Alphabet V

ß

Alphabet VI

OG

OG

OTT

OTT

OG

OG

OTT

OTT

O Gott, O Gott

O

PA

PA

O

PA

PA

Wer ? (1)

O

MA

MA

O

MA

MA

Wer ? (2)

A

AN

ANNN

ANNNE

KA

KAA

KAAA

KAAAA

Kanne

BI

OOO

OOOO

BIIIIII

OOOOOO

BIIIII BIIIII

OOOOOO

BIIIII BIIIII

OOOO

BIIIIII

OO

BI

O

B

Baumarkt

Wid-Mung

Dass Lyrik nicht nur Herzen aufweichen, sondern auch Spaß machen kann, das ist mir seit Ende der 70er Jahre bekannt.

Den in meinen Augen größten Spaßmachern möchte ich diese Lippengedichte widmen. Es sind Ulrich Erdmann aus meiner

Heimatstadt Eschwege– der einzige Discothekenbesitzer, dessen Lokal damals monatlich eine kleine Lyrikgazette

herausgegeben hat – und Ulrich Dammer, der deutsche Germanist aus Bad Sooden-Allendorf, der Spraydosen durch seine

Magisterarbeit einen akademischen Grad verliehen hat. Vorher schrieb er waschkörbeweise Gedichte über alles, was

sich und ihn bewegt.

Euch beiden gebührt Dank!

Dank für die anregenden Jahre, die lyrischen Getränke und die unendlich vielen

ver-rück-ten Ideen!